So sind [...] alle denkenden Wesen verschieden, und dennoch sind sie im Grunde einander alle gleich durch die [Gabe] des Denkens und Wünschens.

Voltaire, *Mikromegas*

WAS IST MIGRATION?

MIX
Papier aus verantwortungsvollen Quellen
FSC® C089473

Dieses Buch ist erhältlich als:
ISBN 978-3-407-75726-5 Print

in der Verlagsgruppe Beltz · Weinheim Basel
Werderstraße 10, 69469 Weinheim

Zitat von Voltaire aus: Mikromegas: Fünf kleine Erzählungen. Übersetzt von Ernst Hardt. Berlin: Henricus, 2022
Originaltitel: Migrants

Übersetzungsrechte vermittelt durch Asterisc Agents.
Übersetzung: Ursula Bachhausen
Satz: Rooda Lee
Druck und Bindung: Beltz Grafische Betriebe, Bad Langensalza
Beltz Grafische Betriebe ist ein klimaneutrales Unternehmen (ID 15985-2104-100).
Printed in Germany
1 2 3 4 5 27 26 25 24 23

Weitere Informationen zu unseren Autor:innen und Titeln finden Sie unter:
www.beltz.de

institut ramon llull

Die Übersetzung dieses Werks wurde teilweise durch eine Förderung des Instituts Ramon Llull ermöglicht.

BELTZ & Gelberg

DIE MENSCHHEIT WAR IMMER AUF WANDERSCHAFT

Am Anfang waren die Menschen Nomaden. In kleinen Gruppen folgten sie als Jäger und Sammler den Wanderrouten der Tiere, auf die sie Jagd machten. Mit dem Aufkommen von Ackerbau und Viehzucht wurden die meisten sesshaft. Heute verlassen Menschen auf der Suche nach einem besseren Leben oder auf der Flucht vor Kriegen und Katastrophen ihre Heimat.

VOR MEHR ALS 1 MILLION JAHREN

Schon die Vorfahren des modernen Menschen waren auf Wanderschaft. Die ältesten Vorfahren der Gattung »Homo« stammen aus Afrika. Sie siedelten sich vor über 1 Mio. Jahren auch in Europa und Asien an. Über die Jahrtausende entwickelten sich mehrere Menschenarten, die gleichzeitig lebten.

VOR MEHR ALS 50 000 JAHREN

Auch der moderne Mensch entstand vor 150 000 Jahren in Afrika. Von dort aus verbreitete er sich vor rund 50 000 Jahren auf der ganzen Erde: Er siedelte sich in Europa, Asien, Australien, Ozeanien und später – wahrscheinlich nach der Überquerung der Beringstraße – in Amerika an.

VOR MEHR ALS 9 000 JAHREN

Im Zuge der »neolithischen Revolution« entwickelten sich Ackerbau und Viehzucht. In der Folge gaben viele Menschen das Nomadentum auf und wurden sesshaft.

VOR RUND 6000 JAHREN

Die Völker Amerikas entwickelten sich zunächst ohne Kontakt zu Menschen anderer Kontinente. In späteren Jahrhunderten lösten Hochkulturen wie die Maya, Inka oder Azteken bedeutende Wanderungsbewegungen aus.

VOR RUND 1800 JAHREN

In Völkerwanderungen zogen Menschen aus kühleren Regionen Eurasiens nach Süden ins Römische, Persische und ins nordindische Gupta-Reich. Die Römer nannten das »Barbareneinfall«.

VOR RUND 800 JAHREN

Viele Menschen in Europa verließen seit dem Mittelalter ihre Heimat aufgrund von Kriegen, Epidemien und Hungersnöten. Auch in anderen Erdteilen gab es ähnliche Wanderungsbewegungen.

WAS SIND GRENZEN?

Grenzen sind gedachte Linien, die Länder voneinander trennen. Jedes Land hat eine eigene Regierungsform, Gesetze und ein Steuersystem. Es unterscheidet sich von anderen Ländern durch Kennzeichen wie die Flagge oder die Nationalhymne.

Um von einem Land in ein anderes zu reisen, müssen Menschen und Waren Grenzen überqueren. Alle Länder legen per Gesetz fest, wer und was auf das eigene Staatsgebiet gelangen darf. Zur Durchsetzung dieser Gesetze überwachen Polizei, Militär und Zollbeamte die Grenzen.

WARUM SIND DIE GRENZEN DA, WO SIE SIND?

Die Grenzen haben sich im Laufe der Geschichte sehr oft verschoben.

Manche Länder haben natürliche Grenzen wie Wüsten, Berge, Flüsse und Meere.

Durch Erbfolge oder Heirat innerhalb von Herrscherfamilien wurden Völker vereint oder getrennt.

Häufig wurden Grenzen durch Invasionen und Kriege festgelegt.

Ab dem 19. Jahrhundert teilten mehrere europäische Länder große Teile Afrikas und Asiens unter sich auf und legten neue Länder und Ländergrenzen willkürlich fest.

PÄSSE UND VISA

Man braucht bestimmte Dokumente, um Grenzen überqueren zu dürfen. Am wichtigsten ist der PASS. Manchmal ist für die Einreise in ein Land zusätzlich ein VISUM nötig, manchmal reicht der PERSONALAUSWEIS*.

Willst du in ein Land einreisen, musst du an der Grenze, an einem Hafen oder auf einem Flughafen Grenzbeamten deinen Pass und gegebenenfalls ein Visum vorzeigen. Sind die Papiere nicht in Ordnung, wird dir der Grenzübertritt verwehrt.

Der Pass ist ein persönliches Dokument, das nur sein Besitzer benutzen darf. Ihn zu fälschen ist sehr schwer.

MANCHE MENSCHEN BESITZEN MEHR ALS EINE NATIONALITÄT UND KÖNNEN DAHER MEHR ALS EINEN PASS HABEN.

Ein VISUM ist eine Genehmigung, die von dem Land, in das man möchte, ausgestellt wird. Es legt fest, wie, wann und warum Personen in einen Staat einreisen dürfen: Es gibt Touristenvisa für mehrere Wochen, aber auch Visa, mit denen man länger in einem Land leben und arbeiten kann.

* Viele Länder stellen neben dem Pass auch einen Personalausweis als Identitätsnachweis aus. In einigen Ländern ist er ein gültiges Reisedokument.

WIE BEKOMMT MAN DIE NÖTIGEN DOKUMENTE FÜR DIE EINREISE IN EIN LAND?

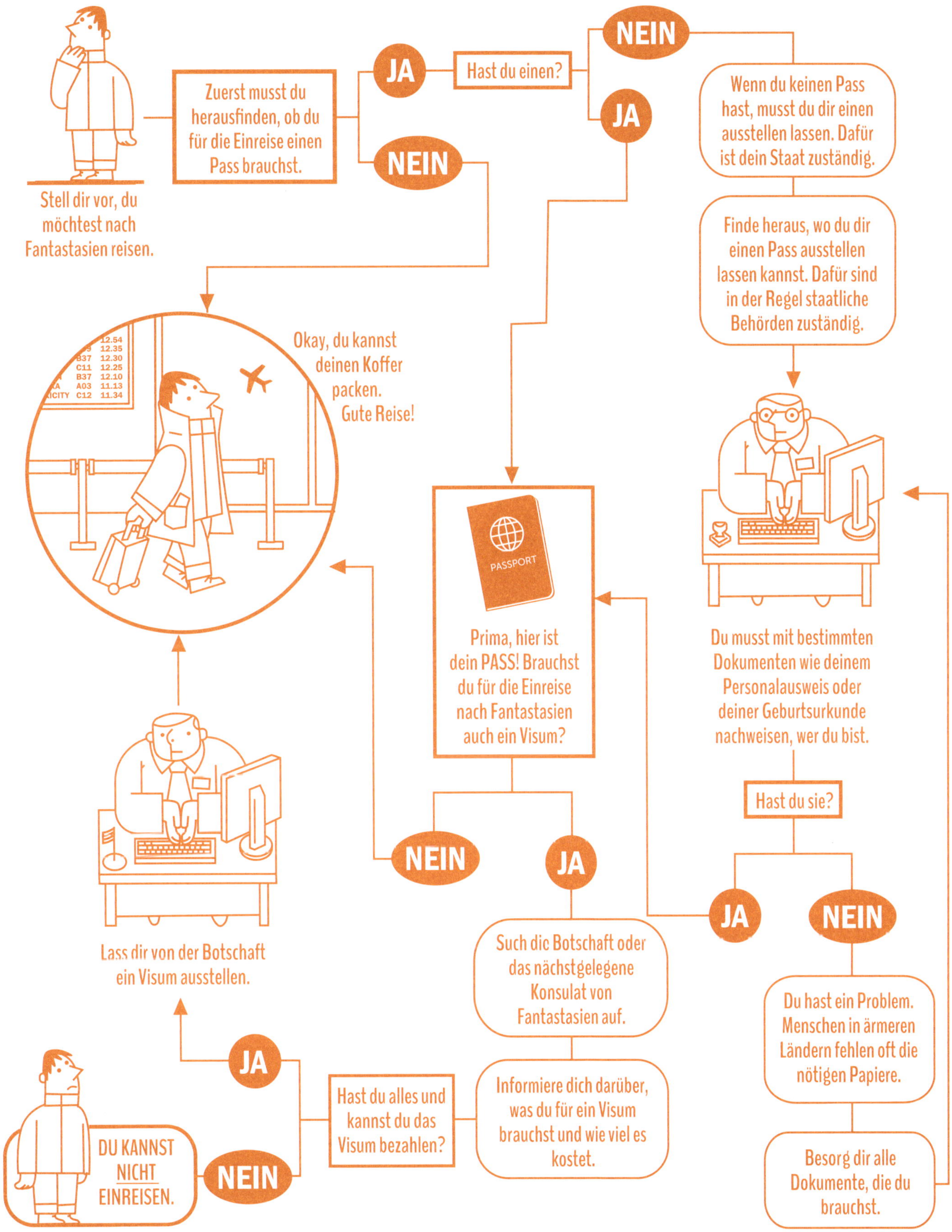

Wer kann PROBLEMLOS Grenzen überqueren?

Über welche Grenzen du problemlos reisen kannst, hängt von deinem Pass ab. Manchmal kann es auch wichtig sein, welchen Beruf man hat (zum Beispiel gefragte Software-Ingenieurin, berühmter Fußballer oder Staatsoberhaupt) oder ob man viel Geld oder Einfluss hat.

Mit einem deutschen Reisepass brauchst du kein Visum für eine Reise in alle Länder der EU* sowie nach Albanien, Andorra, Antigua und Barbuda, Argentinien, Armenien, Bahamas, Barbados, Belarus, Belize, Bolivien, Bosnien und Herzegowina, Botswana, Brasilien, Brunei, Chile, Costa Rica, Dominica, Dominikanische Republik, Ecuador, El Salvador, Fidschi, Gambia, Georgien, Grenada, Guatemala, Guyana, Haiti, Honduras, Hongkong, Island, Israel, Jamaika, Kap Verde, Kasachstan, Katar, Kirgistan, Kiribati, Kolumbien, Kosovo, Lesotho, Liechtenstein, Malaysia, Marokko, Marschallinseln, Mauritius, Mexiko, Mikronesien, Moldau, Monaco, Mongolei, Montenegro, Namibia, Nicaragua, Nordmazedonien, Norwegen, Osttimor, Palästinensische Gebiete, Palau, Panama, Paraguay, Peru, Philippinen, St. Kitts und Nevis, St. Lucia, Salomonen, Samoa, San Marino, São Tomé und Príncipe, Schweiz, Senegal, Serbien, Singapur, St. Vincent und die Grenadinen, Südafrika, Tadschikistan, Taiwan, Thailand, Tonga, Trinidad und Tobago, Tunesien, Türkei, Tuvalu, Ukraine, Uruguay, Usbekistan, Vanuatu, Vatikan, Venezuela, Vereinigte Arabische Emirate, Vereinigtes Königreich und Vietnam.

* Siehe Karte der EU-Länder, S. 31

Wer kann Grenzen NICHT EINFACH SO überwinden?

Menschen aus armen Ländern haben größere Probleme, sich die notwendigen Papiere und Visa für den Grenzübertritt zu beschaffen.

Mit einem Pass aus Afghanistan kannst du visafrei nach Dominica, Haiti und Mikronesien reisen.

Auf der folgenden Internetseite kannst du die Pässe und Einreisebedingungen einzelner Länder vergleichen: www.passportindex.org

Europäische Kolonialreiche

Ab dem 15. Jahrhundert erschlossen die Europäer im Zuge ihrer Entdeckungsreisen neue Seerouten. Später entstanden durch technische Erfindungen wie Dampfschiffe neue Transportwege auf allen Weltmeeren. Das ermöglichte erstmals in der Geschichte der Menschheit große Auswanderungswellen nach Übersee.

Nie wurden so viele Menschen zur Migration gezwungen, wie beim Verkauf afrikanischer Sklaven nach Amerika.

Kolonialmächte wie Spanien, Frankreich, Großbritannien, Portugal oder die Niederlande zwangen über zwölf Millionen Menschen, ihr bisheriges Leben in Afrika zurückzulassen. Sie verschleppten sie nach Amerika. Wenn sie die Überfahrt auf den Schiffen überlebten, mussten sie als Sklaven auf Plantagen arbeiten.

Dadurch trugen sie sehr zum Wohlstand der Kolonialländer bei.

Im 19. Jahrhundert gab es große Auswanderungswellen aus Europa. Fast 38 Millionen Menschen siedelten sich in den neuen Kolonien an.

Die Europäer (vor allem aus Großbritannien und Frankreich) hatten die halbe Welt »erforscht« und erobert: zum Beispiel Indien, fast ganz Afrika, Südostasien, Australien und den Pazifikraum. In den eroberten Gebieten ließen sich viele europäische Siedler nieder, obwohl dort schon andere Völker lebten.

Die USA erlangten Ende des 18. Jahrhunderts ihre Unabhängigkeit. Bis Mitte des 19. Jahrhunderts wurden auch die meisten mittel- und südamerikanischen Länder unabhängig von europäischen Koloniallländern.

Einwanderer wurden zum identitätsstiftenden Sinnbild der neuen Nation der Vereinigten Staaten von Amerika. Dies schloss die indigenen, ursprünglich dort lebenden Völker aus, die nahezu ausgerottet worden waren. Auf ihrem Land ließen sich weiße Europäer nieder.

Millionen Europäer flüchteten sich vor Hunger und Elend in die Vereinigten Staaten. Für sie war Amerika ein »Land der unbegrenzten Möglichkeiten«, wo man ein neues Leben beginnen und zu Wohlstand kommen konnte.

Siehe Dossier, S. 37

Überblick

Noch nie konnte man so schnell und billig reisen wie heute.

Deshalb konnten sich noch nie so viele Menschen von einem Ort der Welt zu einem anderen bewegen.

MENSCHEN, DIE INS AUSLAND GEHEN

Man kann in den Urlaub fahren oder mehrere Jahre irgendwohin ziehen, wo man eine feste Arbeit hat. Aber wenn man seine Heimat verlassen muss, weil man in Lebensgefahr ist, ist es etwas ganz anderes.

TOURISTEN

Menschen, die in ihren Ferien andere Länder und Kulturen kennenlernen wollen.

FACHKRÄFTE

Menschen, die aus freien Stücken und ganz legal für ein paar Jahre in einem anderen Land arbeiten. Meist haben sie eine sichere Stelle. Es sind zum Beispiel Führungskräfte in Konzernen, Beamte internationaler Organisationen oder Mitarbeiter von NGOs. Das nennt man Arbeitsmigration.

MIGRANTEN

Menschen, die eine bessere Zukunft suchen oder auf der Flucht vor einer drohenden Gefahr ihre Heimat verlassen.

FLUCHT VOR GEFAHR

Menschen, deren Zuhause aufgrund von Krieg oder einer Umweltkatastrophe in Gefahr ist. Zwischen Flüchtlingen und Asylberechtigten gibt es keinen großen Unterschied, aber unterschiedliche Rechtsgrundlagen.

ASYLBERECHTIGTE

Asyl können Menschen beantragen, die von ihrem Heimatstaat aufgrund ihrer politischen Überzeugungen, Religionszugehörigkeit oder sexuellen Orientierung verfolgt werden.

BINNENFLÜCHTLINGE

Menschen, die meist wegen bewaffneter Konflikte, herrschender Gewalt oder Naturkatastrophen fliehen müssen, aber ihr Land nicht verlassen.

FLÜCHTLINGE

Als Flüchtling nach der Genfer Konvention wird auch geschützt, wer von nichtstaatlichen Akteuren verfolgt wird oder vor Naturkatastrophen flieht.

Für alle Migranten, die im eigenen oder einem anderen Land nicht als Flüchtlinge oder Asylberechtigte anerkannt werden, ist es sehr schwierig, ihre Grundrechte auf Bildung, Gesundheit, Arbeit oder Reisefreiheit auszuüben.

AUSWANDERUNG AUS WIRTSCHAFTLICHEN GRÜNDEN

Menschen, die sich anderswo, sei es im eigenen Land oder im Ausland, eine bessere Zukunft erhoffen.

ILLEGALE EINWANDERER

Menschen, die sich ohne die nötigen Genehmigungen in einem anderen Land niederlassen.

LEGALE EINWANDERER

Menschen, die die nötigen Papiere und Genehmigungen haben, um sich für längere Zeit oder für immer in einem anderen Land niederzulassen.

FLÜCHTLINGE

ALLGEMEINE ERKLÄRUNG DER MENSCHENRECHTE

Nach dem Zweiten Weltkrieg haben die meisten Länder international gültige Regeln vereinbart, die humanitäre Katastrophen wie damals verhindern sollen.

Aus diesem Grund wurde von den Vereinten Nationen die **Allgemeine Erklärung der Menschenrechte** (AEMR) verabschiedet. Darin werden grundlegende Menschenrechte aufgeführt, gegen die unter keinen Umständen verstoßen werden darf.

DAS RECHT ZU BLEIBEN

Eines der Grundrechte der AEMR ist das **Recht auf Asyl oder internationalen Schutz**: Wenn jemand in seiner Heimat verfolgt wird, kann er in jedem anderen Land der Welt um Schutz bitten.

Gewährt ein Land Schutz vor Verfolgung, erhält die Person einen Status als FLÜCHTLING oder als ASYLBERECHTIGTER. Im normalen Sprachgebrauch macht man zwischen beiden keinen Unterschied.

Aber was bedeutet, »verfolgt« zu sein? Schutz wird gewährt, wenn jemand wegen seines Geschlechts, seiner Ethnie, Religion, Nationalität, sexuellen Orientierung, politischen Meinung oder Zugehörigkeit zu einer sozialen Gruppe unterdrückt wird. Auch vor der Verfolgung durch nichtstaatliche Terrororganisationen oder aufgrund von Umweltkatastrophen fliehen Menschen und werden in anderen Ländern aufgenommen.

Internationale Gesetze sollen alle Menschen auf der ganzen Welt schützen. Aber die einzelnen Staaten wenden diese Gesetze unterschiedlich an und manchmal ignorieren sie sie einfach.

Wenn jemand in einem fremden Staat Asyl beantragt, beginnt ein langes Verfahren, das je nach den Gesetzen des jeweiligen Landes unterschiedlich ist. ASYL zu bekommen, ist sehr schwierig, denn dafür müssen bestimmte Voraussetzungen erfüllt werden.* Viele Menschen können die Verfolgung in ihrer Heimat nicht ausreichend belegen.

FLÜCHTLINGE UND BINNENFLÜCHTLINGE

__FLÜCHTLINGE__ sind Menschen, die aus ihrer Heimat in ein anderes Land fliehen mussten. Drei Viertel von ihnen leben in den Nachbarländern des Konfliktgebietes. Oft sind sie mehr schlecht als recht in Flüchtlingslagern untergebracht. Ein Viertel der Aufnahmeländer gehört zu den am wenigsten entwickelten Ländern der Welt.

__BINNENFLÜCHTLINGE__ sind Menschen, die fliehen mussten, aber ihr Land nicht verlassen haben.

Ende 2021 gab es weltweit 53,2 Millionen Binnenflüchtlinge, zumeist in Ländern mit bewaffneten Konflikten wie Syrien, der Demokratischen Republik Kongo, Kolumbien, Afghanistan oder dem Jemen.

FLÜCHTLINGE UND BINNENFLÜCHTLINGE (Stand 2021)

53,2 MILLIONEN BINNENFLÜCHTLINGE

27,1 MILLIONEN FLÜCHTLINGE

4,6 MILLIONEN ASYLSUCHENDE

* Bei einem Asylverfahren wird geklärt, ob ein Mensch Recht auf Asyl (das ist z. B. in Deutschland in der Verfassung des Landes geregelt) oder Recht auf Flüchtlingsschutz hat (das bestimmt die Genfer Flüchtlingskonvention).

Wer kann auswandern?

Nicht jeder kann auswandern. Wie bereits erklärt, kann man eine Grenze nur dann legal überqueren, wenn man gültige Dokumente (Visum, Reisepass) besitzt und die von den Staaten festgelegten Bedingungen erfüllt.

Ist das nicht der Fall, bezahlen Ausreisewillige Schleusern teilweise viel Geld, um die Grenzen illegal zu überwinden.

Häufig leihen sich Familien Geld, um die Reise eines ihrer Mitglieder zu bezahlen. Sie hoffen, dass diese Person an ihrem Ziel Arbeit findet und es dann zurückzahlen kann.

Die meisten Menschen auf der Welt sind jedoch so arm, dass sie weder die nötigen Dokumente bekommen noch genug Geld für die Reise haben. Meist bleibt ihnen nur der Umzug innerhalb ihres eigenen Landes.

Wohin geht es?

Die meisten Menschen hoffen, in reichen Ländern arbeiten zu können. Sie hoffen auf bessere Jobs sowie wirtschaftlichen und sozialen Aufstieg.

Millionen von Menschen aus aller Welt streben daher bevorzugt in Länder mit einem hohen Einkommen, wie die Staaten der Europäischen Union, die USA oder die Emirate am Persischen Golf.

DIE HAUPTMIGRATI

OBWOHL MANCHE LÄNDER HOHE HÜRDEN FÜR DIE EINWANDERUNG ERRICHTEN, HABEN SICH SEIT MITTE DES 20. JAHRHUNDERTS MILLIONEN VON MENSCHEN LEGAL ANDERSWO ANGESIEDELT. MIGRATIONSROUTEN ENTSTEHEN ÜBER VIELE JAHRE HINWEG. DIE ZAHLEN HIER ZEIGEN AN, WIE VIELE MENSCHEN IM JAHR 2020 ALS MIGRANTEN IN EINEM ANDEREN LAND WOHNEN UND WO SIE URSPRÜNGLICH GEBOREN WURDEN.

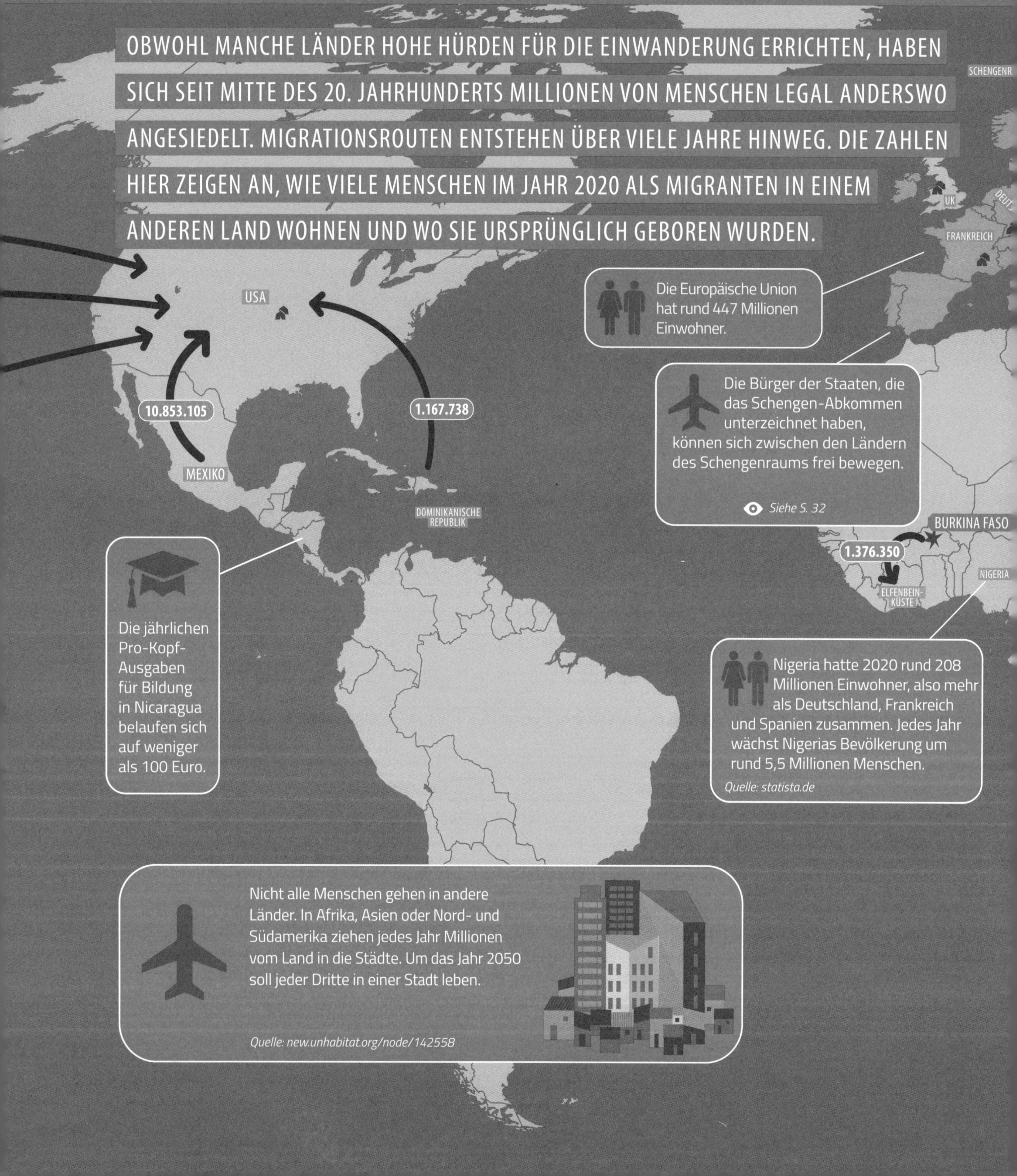

Die Europäische Union hat rund 447 Millionen Einwohner.

Die Bürger der Staaten, die das Schengen-Abkommen unterzeichnet haben, können sich zwischen den Ländern des Schengenraums frei bewegen.

Siehe S. 32

Die jährlichen Pro-Kopf-Ausgaben für Bildung in Nicaragua belaufen sich auf weniger als 100 Euro.

Nigeria hatte 2020 rund 208 Millionen Einwohner, also mehr als Deutschland, Frankreich und Spanien zusammen. Jedes Jahr wächst Nigerias Bevölkerung um rund 5,5 Millionen Menschen.

Quelle: statista.de

Nicht alle Menschen gehen in andere Länder. In Afrika, Asien oder Nord- und Südamerika ziehen jedes Jahr Millionen vom Land in die Städte. Um das Jahr 2050 soll jeder Dritte in einer Stadt leben.

Quelle: new.unhabitat.org/node/142558

NSROUTEN (2020)

Quelle: IOM UN MIGRATION

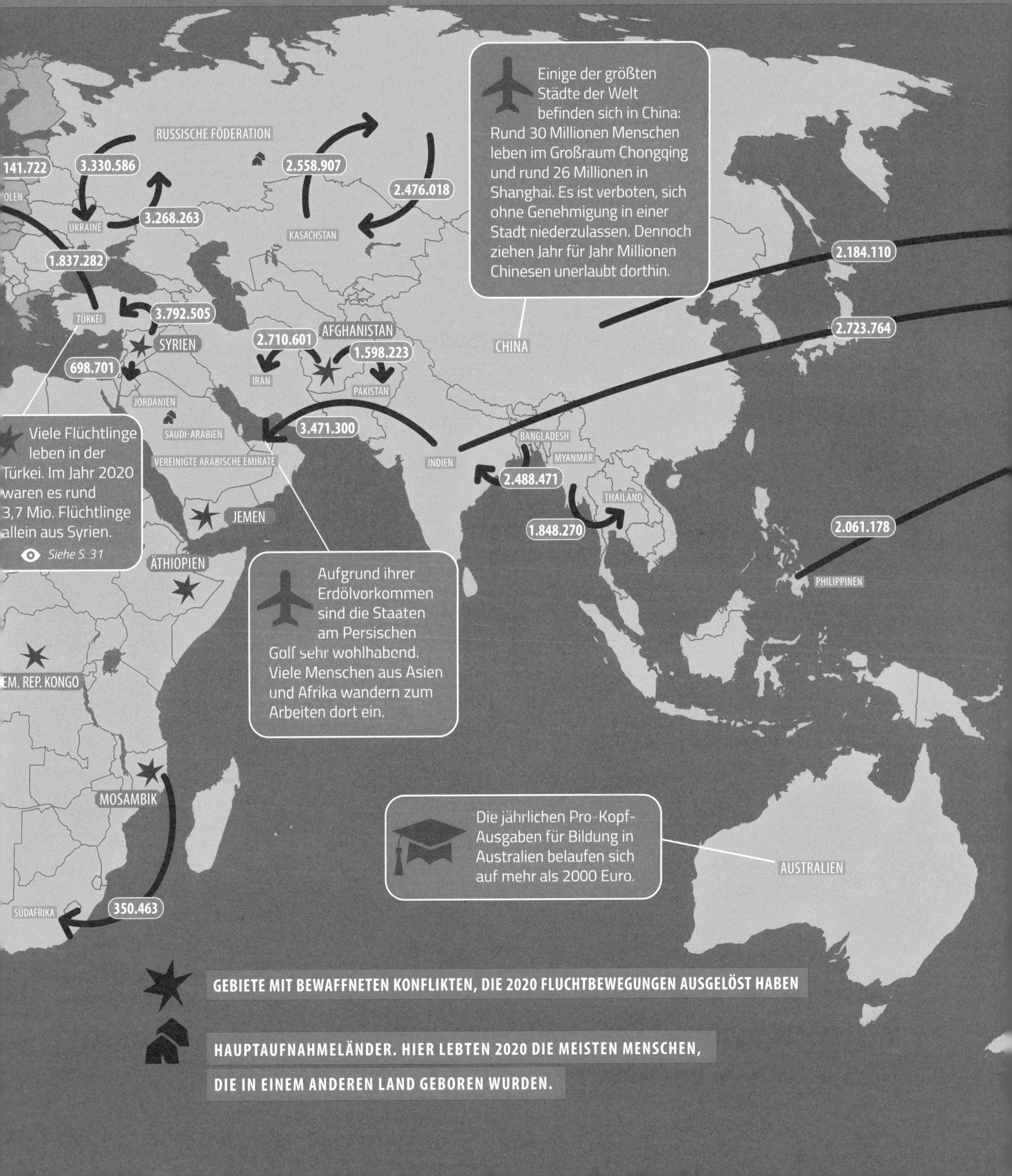

WARUM VERLASSEN MENSCHEN IHRE HEIMAT?

Es ist nicht leicht, sein Zuhause, seine Familie und Freunde zu verlassen. Die Gründe dafür können ganz unterschiedlich sein: Krieg, unsichere Lebensverhältnisse, Suche nach Arbeit … Der wichtigste ist jedoch wirtschaftliche Not.

Armut

Viele Menschen finden in ihrer Heimat weder Arbeit, noch haben sie die Möglichkeit, einen Beruf zu erlernen. Selbst die grundlegendsten Dinge wie Strom, Trinkwasser, Medikamente oder medizinische Hilfe fehlen oft. Deshalb suchen manche Leute Arbeit in größeren Städten oder sogar anderen Ländern, um ihre Familie mit dem dort verdienten Geld zu unterstützen.

➡ Auf den Philippinen werden Auswanderer »bagong bayani« genannt, »neue Helden«. Mit dem Geld, das sie nach Hause schicken, helfen sie nicht nur ihrer Familie, sondern stärken die Wirtschaft ihres Landes.

Naturkatastrophen

Klimawandel und Umweltverschmutzung sorgen in vielen Teilen der Welt für große Veränderungen, etwa durch die Ausbreitung von Wüsten, den Anstieg des Meeresspiegels oder das Abschmelzen der Polkappen.

Auch Naturkatastrophen wie Erdbeben, Tsunamis oder gewaltige Waldbrände zwingen viele Menschen, ihr Zuhause zu verlassen.

Auf den Malediven, Vanuatu, den Bahamas oder den Fidschi-Inseln steigt der Meeresspiegel schnell. Daher müssen die Menschen jetzt schon küstennahe Regionen verlassen.

Was wird geschehen, wenn diese Länder vom Meer verschlungen werden?

Bis heute ist der Status als Klima- oder Umweltflüchtling nicht gesetzlich geregelt. Menschen, die aufgrund von Klimaveränderungen zur Migration gezwungen werden, sind häufig ungeschützt.

Verfolgung

Viele Menschen müssen wegen ihrer politischen Meinung, der Zugehörigkeit zu einer bestimmten Ethnie* oder Religion oder wegen ihrer sexuellen Orientierung aus ihrem Heimatland fliehen.

* Ethnie bedeutet etwas ähnliches wie »Volk«: eine Gruppe von Menschen, die zusammen gehören, weil sie aufgrund von Kultur, Sprache, Religion und Geschichte eine Gemeinschaft bilden.

Flucht vor Krieg

In einem bewaffneten Konflikt wird geschossen. Bei der Bombardierung von Städten werden Wohnhäuser zerstört. Es fehlt oft an Nahrungsmitteln oder Medikamenten, Krankenhäuser sind überfüllt und Geschäfte geschlossen. Das eigene Leben oder das von Familie oder Freunden ist in Gefahr. Daher fliehen Menschen vor dem Krieg.

Wo fliehen Menschen vor dem Krieg?

Syrien, Afghanistan, Südsudan, Myanmar, Demokratische Republik Kongo, Sudan, Somalia, Zentralafrikanische Republik, Eritrea und Nigeria. Bis Oktober 2022 floh zudem über ein Drittel der ukrainischen Bevölkerung in andere Landesteile oder außer Landes.

Stand: Ende 2022, de.statista.com

AR 345

SCHLEUSER

Wenn Menschen in ein anderes Land umsiedeln wollen oder müssen, aber nicht die nötigen Papiere für die Einreise bekommen, sehen sie sich oft gezwungen, illegal einzureisen. Doch das ist schwierig und meist auch gefährlich: Organisierte Verbrecherbanden, sogenannte Schleuser, kontrollieren die illegalen Routen. Diesen Schleusern müssen die Migranten für den unerlaubten Grenzübertritt viel Geld bezahlen.

Schleuser nutzen verschiedene Wege, um Menschen über die Grenzen zu bringen: falsche Papiere, Bestechung und Fluchtrouten übers Land oder übers Meer. Manchmal verstecken sie die Menschen in Lkws oder Containern.

Oft werden Migranten von Schleusern ausgebeutet und betrogen. Unter Androhung von Gewalt müssen diese selbst nach der Ankunft in dem neuen Land noch für sie arbeiten.

Manche Menschen haben etwas gegen Migranten*

Es gibt Menschen, die ihr Zuhause sehr lieben und nicht wollen, dass sich etwas ändert.

Diesen Leuten macht es Angst, wenn Menschen aus anderen Kulturkreisen und mit einer anderen Religion in ihr Land kommen.

Sie fürchten, diese Menschen, die von weit herkommen, könnten ihr gewohntes Leben bedrohen.

Sie befürchten für sich persönlich Nachteile.

Sie haben Angst, dass Einwanderer Kriminalität und Probleme mitbringen.

---

* Man spricht von Migranten, wenn alle Menschen gemeint sind, die in ein anderes Land umziehen. Einwanderer (Immigranten) sind Menschen, die in unser Land kommen. Auswanderer (Emigranten) sind Leute, die unser Land verlassen, um woanders hinzuziehen.

Fremdenfeindliche Parteien

In reichen Einwanderungsländern schüren manche Politiker die Ängste von Menschen, um Stimmen zu gewinnen. Nationalistische, ausländerfeindliche Parteien behaupten, dass Einwanderer nur Probleme bringen. Sie wollen Zuwanderern und Geflüchteten die Einreise verwehren oder sie aus dem Land ausweisen.

Ausländerfeindliche Parteien lehnen Einwanderer aus ärmeren Ländern ab. Gegen Touristen aus reichen Ländern haben sie in der Regel nichts.

Viele Leute glauben jedoch, dass sich die Vielfalt unterschiedlicher Kulturen, Bräuche und Religionen positiv auswirkt.

Sie sind davon überzeugt, dass alle Menschen überall die gleichen Rechte haben sollten, ganz egal, wo sie herkommen.

Sie hinterfragen eher, welche Gründe dazu führen, dass manche Menschen auf der Suche nach einer besseren Zukunft ihre Heimat verlassen müssen.

Für viele Zuwanderer ist es nicht leicht, an einem Ort mit einer neuen Kultur und Sprache zu leben, wo sie oft ärmer sind als die meisten anderen Leute. Auch Einheimische, die nicht wollen, dass Menschen aus anderen Ländern ihre Sitten und Religionen mitbringen, tun sich häufig schwer.

Wenn Einwanderer nur schwer Kontakt zu Einheimischen bekommen, bleiben sie manchmal unter sich. So fühlen sie sich wohler, doch sie isolieren sich vom Rest der Gesellschaft.

Wenn sich alle einen Ruck geben, können die Grenzen zwischen den Menschen überwunden werden. Dazu gehört, dass alle einander mit Toleranz und Interesse begegnen und Vorurteile abbauen.

Wenn von der ersten Einwanderergeneration die Rede ist, sind damit Leute gemeint, die ihre Heimat verlassen haben, um sich in einem neuen Land niederzulassen. Ihre Kinder und Enkel (die zweite und dritte Generation) werden schon dort geboren. Sie wachsen daher mit der Kultur dieses Landes auf und lösen sich nach und nach von der Kultur des Herkunftslandes ihrer Familie.

DOSSIER

Migrationsrouten im MITTELMEER

Der Grenzbehörde der Europäischen Union zufolge haben zwischen 2014 und 2022 mehr als 2,5 Millionen Menschen versucht, ohne Genehmigung nach Europa zu gelangen, um internationalen Schutz zu beantragen. Als Reaktion darauf schlossen immer mehr Staaten der Europäischen Union ihre Grenzen.

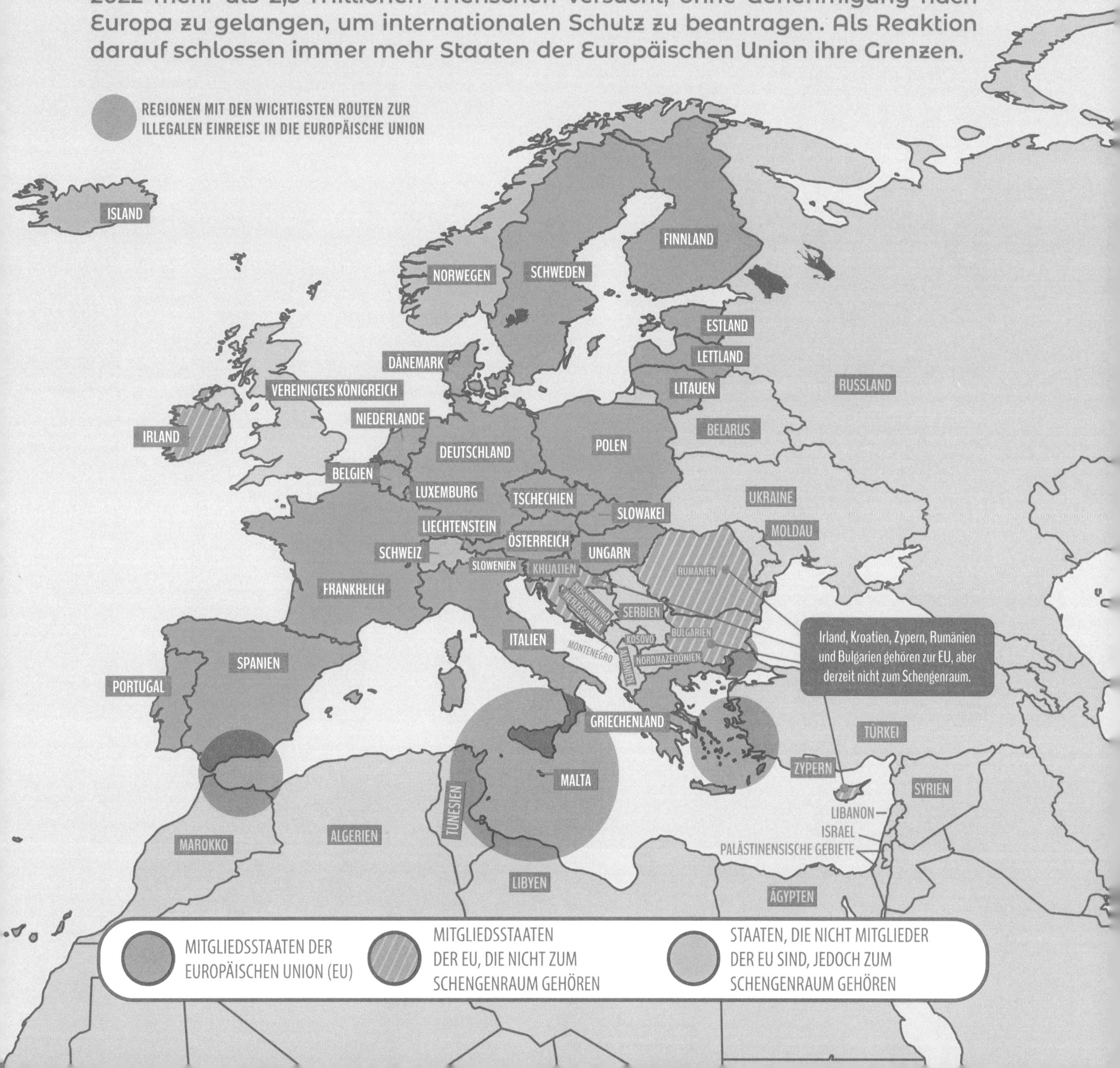

ZIEL EUROPA

Tausende von Menschen hoffen, auf der Flucht vor Armut und Kriegen in die Europäische Union zu gelangen. Doch warum gerade nach Europa? Die Länder Europas gehören zu den reichsten der Welt und haben soziale Sicherungssysteme (Gesundheit, Bildung, rechtlicher Schutz), die es so in vielen anderen Ländern nicht gibt. Deshalb hoffen auch Zuwanderer auf ein sicheres Leben.

Allerdings bekommen viele Migranten kein Visum für eine Einreise in die EU. Sie versuchen, in Europa Asyl zu erhalten, oder wollen sich zumindest so lange illegal niederlassen, bis sie eines Tages rechtmäßig dort bleiben können. Vielfach nutzen sie alternative, von Schleusern kontrollierte Routen, die oft sehr gefährlich sind.

WAS IST DER SCHENGENRAUM?

Die EUROPÄISCHE UNION (EU) ist der politische und wirtschaftliche Verbund fast aller Staaten Europas. Die meisten EU-Mitgliedsstaaten nutzen mit dem Euro die gleiche Währung und nahezu alle sind dem Schengener Abkommen beigetreten, das Grenzkontrollen abgeschafft hat und den freien Personen- und Warenverkehr innerhalb der EU* ermöglicht.

Migranten wissen, dass sie nach der Ankunft in der EU Asyl beantragen können und bis zum Abschluss des Verfahrens nicht abgeschoben werden dürfen. In dieser Zeit suchen sie nach alternativen Wegen, um bleiben zu können, manchmal sogar nach illegalen. Da sie innerhalb des Schengenraums reisen können, wechseln sie manchmal in andere Länder, um sich dort niederzulassen.

* Manche Länder wie Irland gehören der EU, aber nicht dem Schengenraum an. Andere Länder wie Island oder Norwegen gehören nicht zur EU, aber haben das Schengener Abkommen unterzeichnet.

Die Aufnahme von Zuwanderern

Reichere Länder innerhalb der EU wie Deutschland, die Beneluxstaaten oder Frankreich sind bevorzugte Ziele von Migranten. Diese Staaten nehmen schon seit Langem Einwanderer auf, vor allem, wenn sie früher Kolonien in Afrika und Asien hatten.

Aber es stellt Staaten vor Probleme, wenn sie plötzlich viele Menschen aufnehmen sollen, deren Asylgesuche sie bearbeiten und deren Grundversorgung sie garantieren müssen. Deshalb sprechen sich viele EU-Staaten für eine geordnete, breitere Verteilung der Zuwanderer aus.

Wenn viele Menschen die Aufnahme von Zuwanderern ablehnen, bekommen rechtsextreme Parteien Zulauf, die nicht nur gegen Ausländer sind, sondern auch gegen die demokratische Gesellschaftsordnung.

DER KRIEG IN SYRIEN

Seit dem Jahr 2011 herrscht in Syrien ein Bürgerkrieg, der viele Tausende Opfer gefordert und Millionen Menschen aus ihrer Heimat vertrieben hat. Ein großer Teil von ihnen lebt in Flüchtlingslagern im Libanon oder in der Türkei. Viele andere haben versucht, nach Europa zu gelangen.

Der Balkan ist ein Gebiet, das von Griechenland bis nach Serbien reicht. Viele Geflüchtete aus Syrien sind zu Fuß durch die Türkei und die Länder auf der Balkanhalbinsel bis nach Mitteleuropa in die EU gewandert.

Näheres im Buch »Was ist Krieg?« vom selben Autor.

EUROPA SCHLIESST DIE GRENZEN

Ab 2016 wollten viele Staaten der Europäischen Union die illegal nach Europa Geflüchteten nicht länger aufnehmen.

Länder wie Ungarn und Bulgarien riegelten ihre Grenzen mit Panzern und Polizeikräften ab. Parallel dazu schloss die EU ein Abkommen mit der Türkei: Im Gegenzug für Wirtschaftshilfen sollte die türkische Regierung Migranten an der Weiterreise hindern. Wer dennoch illegal nach Griechenland gelangte, wurde in die Türkei zurückgebracht, wo Flüchtlingslager eingerichtet wurden.

Aus diesem Grund nahm die Fluchtmigration über die Balkanroute und das östliche Mittelmeer ab. Es entstanden jedoch neue Wege, um nach Europa zu gelangen.

CEUTA UND MELILLA

Diese beiden Städte liegen an der nördlichen Küste Afrikas, gehören aber zu Spanien und somit zum Hoheitsgebiet der EU. Sie sind das Ziel vieler Migranten aus Afrika. Doch die spanischen Behörden haben hohe, schwer bewachte Zäune rings um die beiden Städte errichtet, die nur unter großen Gefahren überwunden werden können.

Die Boote fahren im Dunkeln los. Werden sie von der Küstenwache entdeckt, bevor sie europäische Gewässer erreichen, können sie zur Umkehr gezwungen werden.

Die Menschen können nur wenig mitnehmen. Es ist vor allem im Winter eisig kalt.

Viele Menschen können nicht schwimmen. Viele tragen Rettungswesten.

Bevor sie in See stechen können, müssen die Migranten meist Tausende Kilometer über Land zurücklegen.

Um möglichst viel Geld zu verdienen, lassen Schleuser sehr viele Menschen auf Boote.

Doch das ist nicht die einzige Route über das Mittelmeer. Schon seit Jahren versuchen Migranten aus Afrika und Asien, über das Mittelmeer nach Europa zu gelangen.

LIBYEN
In diesem Land gab es vor Jahren einen Bürgerkrieg. Noch heute wird es von verschiedenen bewaffneten Gruppen kontrolliert. Aufgrund der unübersichtlichen Verhältnisse ist es der ideale Ausgangsort für eine Flucht über das Mittelmeer. Aber es ist sehr gefährlich.

Die illegalen Routen im Mittelmeer werden von **Schleusern** kontrolliert. Migranten müssen viel Geld für einen Platz in häufig zu kleinen Booten bezahlen, mit denen sie eine sehr riskante Reise antreten. Viele von ihnen erreichen Europa nie.

Dem Seerecht zufolge muss jeder, der ein in Seenot geratenes Schiff entdeckt, Schiffbrüchige retten und in einen sicheren Hafen bringen. Viele Migranten vertrauen darauf, dass sie so nach Europa gelangen, doch oft werden sie in die Türkei oder den Libanon zurückgebracht.

Manchmal müssen die Migranten das Boot alleine steuern. Dann verirren sie sich leicht auf dem Meer und leiden Hunger und Durst.

NGOs* wie Sea Watch widmen sich der Bergung von im Mittelmeer treibenden Migrantenbooten. Doch inzwischen wird ihnen ihre Aufgabe immer schwerer gemacht.

*NGO ist englisch für Nichtregierungsorganisation.

AUFNAHMELAGER

Die EU-Behörden wollen verhindern, dass Zuwanderer, die an Europas Küsten ankommen, sich frei im Schengenraum bewegen können. Deshalb wurden etwa auf der griechischen Insel Lesbos Lager eingerichtet, in denen die Migranten bleiben müssen, bis über ihren Asylantrag entschieden wurde. Wer den Status als Geflüchteter nicht erhält, wird in die Türkei abgeschoben.

DOSSIER

Migrantentrecks in die VEREINIGTEN STAATEN

KREUZWEG-KARAWANE

Im März 2018 schlossen sich mehr als 1 500 Menschen unter dem Motto »Wir sind alle gebürtige Amerikaner« zusammen, um gemeinsam durch Mexiko in die USA zu gelangen. Dort wollten sie wegen der schlechten Lebensumstände in ihren Heimatländern um Asyl bitten. Der damalige US-Präsident Donald Trump drohte damit, die Armee an die Südgrenze der USA zu schicken und das Freihandelsabkommen zwischen Mexiko, den USA und Kanada aufzukündigen. Die »Kreuzweg-Karawane« hat, nicht zuletzt wegen Trumps Äußerungen, weltweit für Aufmerksamkeit gesorgt. In den nächsten Jahren folgten dieser Karawane weitere.

EINWANDERUNGSLAND

Die USA sind seit ihrer Unabhängigkeit von Großbritannien durch Millionen von Einwanderern zu Wohlstand gekommen.

18. Jahrhundert	19. Jahrhundert	20. Jahrhundert	2.WK	21. Jh.

Die USA erklären 1776 ihre Unabhängigkeit von der britischen Krone. Zur Zeit der Unabhängigkeitserklärung hatten sich britische, niederländische, französische und spanische Siedler auf den Gebieten der indigenen Bevölkerung an der Ostküste der USA niedergelassen. Zur gleichen Zeit arbeiteten Millionen Afrikaner als Sklaven der Siedler auf den Plantagen im Süden.

Ab dem 19. Jahrhundert kamen Einwanderer vor allem aus Deutschland, Irland und anderen nordeuropäischen Ländern. Es begann die Besiedelung des Westens. Durch die Annexion eines Teils von Mexiko kam innerhalb der neuen Grenzen eine große hispanische Bevölkerungsgruppe hinzu.

Zu Beginn des 20. Jahrhunderts kamen die meisten Einwanderer aus Ländern in Süd- und Osteuropa. Häufig waren sie auf der Flucht vor Kriegen und Revolutionen. Seit den 1960er-Jahren erschweren es Gesetze, die US-amerikanische Staatsbürgerschaft zu erhalten, wenn man weder Angehörige in den USA hat, noch Fachkraft ist oder als Geflüchteter anerkannt wird.
Seit dem Zweiten Weltkrieg nahmen die USA viele Asiaten vor allem aus Indien, China und von den Philippinen sowie Menschen aus Südamerika auf, die sich ein besseres Leben fern der Armut und Gewalt ihrer Heimatländer erhofften.
Auch im 21. Jahrhundert kommen noch immer Menschen aus aller Welt in die USA.

Der Ausdruck »Melting Pot« (Schmelztiegel) beschreibt, dass in den USA Menschen aus der ganzen Welt zusammengekommen sind.

In den USA und anderen Einwanderungsländern glauben viele Menschen, die seit Generationen dort leben, sie besäßen mehr Rechte als Menschen, die später eingewandert sind.

EINE GEFÄHRLICHE REISE

Seit vielen Jahren träumen Tausende von Menschen aus Zentralamerika von einem besseren Leben in den USA. Um dorthin zu gelangen, sind sie zu allem bereit.

WOVOR FLIEHEN SIE?

Unsichere Lebensverhältnisse, Armut, Korruption oder Umweltkatastrophen führen in den Ländern Zentralamerikas zu großen Problemen.

Im 20. Jahrhundert herrschten dort vielerorts Diktaturen und Kriege. Seitdem ist GEWALT in dieser Region weit verbreitet, sei es im häuslichen Umfeld oder aufgrund sozialer und politischer Spannungen. Die Bevölkerung fühlt sich schutzlos, da Regierungen und Polizeikräfte häufig in Kriminalität und Korruption verwickelt sind.

Die MARA sind extrem gewaltbereite Verbrecherbanden, die sich auf Erpressung, Raub und Morde verlegt haben. Sie versetzen ganze Stadtviertel in Angst, ohne dass die Polizei einschreitet.

DURCH MEXIKO

Der Weg in die USA führt durch Mexiko. Dort laufen die Migranten Gefahr, überfallen, ausgeraubt, entführt, vergewaltigt oder sogar ermordet zu werden, wenn sie ohne die Hilfe eines Schleppers unterwegs sind. Solche Schleuser verlangen für ihre Dienste sehr viel Geld.

Viele Migranten schließen sich daher zu Karawanen zusammen, da es sicherer ist, nicht allein zu reisen. In der »Kreuzweg-Karawane«, die 2018 durch Mexiko zog, befanden sich viele Familien und zahlreiche allein reisende Minderjährige.

Die ehemalige US-Regierung unter Donald Trump hatte mit dem Thema Einwanderung die Wahlen in den USA gewonnen. Trumps Regierung setzte alles daran, legale Wege zur Einreise einschließlich des Asylrechts zu beschränken.

Zu Trumps Wahlversprechen gehörte der Bau einer rund 3200 Kilometer langen Mauer an der Grenze zwischen Mexiko und den USA, um illegale Einwanderung zu verhindern. Obwohl die meisten Migranten in den Karawanen ihren Traum von einem Leben in den USA schließlich aufgaben, dienten sie Trump auch später noch als Argument, um den Plan zum Bau einer Mauer zu rechtfertigen.

Die Mauer wird von der US-Regierung unter Präsident Joe Biden nicht weitergebaut, doch der Weg in die USA bleibt schwierig. Daher bezahlen manche Migranten viel Geld an Schleuser, sogenannte »Koyoten«. Diese kennen andere, illegale Wege über die Grenze, die durch die Wüste führen. Dabei besteht für die Migranten die Gefahr, sich in der Wüste zu verlaufen und zu verdursten. Zudem müssen sie den Patrouillen des US-amerikanischen Grenzschutzes, an der Grenze stationierten Soldaten und bewaffneten Zivilisten ausweichen, die den Zuzug weiterer Einwanderer unbedingt verhindern wollen.

LEBEN ALS ILLEGALE

Illegale Einwanderer in die USA müssen versuchen, dort möglichst wenig aufzufallen.

Diese Menschen nehmen unsichere und schlecht bezahlte Arbeit an und leben ständig in der Gefahr, von der US-Einwanderungsbehörde entdeckt und abgeschoben zu werden.

Ob legal oder illegal: Alle Einwanderer stehen vor großen Herausforderungen.

Was Kinder wissen wollen

Eduard Altarriba
Was ist Migration?
Beltz & Gelberg (75726)
Gebunden, 46 Seiten

Eduard Altarriba
Was ist Krieg?
Beltz & Gelberg (75871)
Gebunden, 46 Seiten

»Die kurzen Texthäppchen, Infografiken und klaren Illustrationen helfen die ganzen Begriffe und Eindrücke, die täglich durch die Medien auf uns einprasseln, besser einzuordnen. Hier wird ein Thema sachlich betrachtet, das gerade in der abstrakten Art der Darstellung berührt.« – *Stiftung Lesen*